I0076397

$L\overline{b}.^{48}846.$

APPEL

A LA COUR ROYALE DE PARIS,

CHAMBRE DES APPELS DE POLICE CORRECTIONNELLE,

Du jugement rendu le 19 juillet 1817 par la sixième Chambre du Tribunal de première instance du département de la Seine, sur une demande de mise en liberté;

PAR LES AUTEURS DU CENSEUR EUROPÉEN.

***

A PARIS.

AU BUREAU DU CENSEUR EUROPÉEN,

RUE GÎT-LE-CŒUR, N°. 10.

1817.

Avant de lire le développement des moyens d'appel , on doit lire la demande de mise en liberté , et le jugement qui l'a rejetée : ces deux pièces se trouvent à la suite des moyens d'appel.

DE L'IMPRIMERIE DE RENAUDIERE,

RUE DES PROUVAIRES, N°. 16.

APPEL

A LA COUR ROYALE DE PARIS,

CHAMBRE DES APPELS DE POLICE CORRECTIONNELLE,

Du jugement rendu le 19 juillet 1817, par la sixième Chambre du Tribunal de première instance du département de la Seine, sur une demande de mise en liberté;

PAR LES AUTEURS DU CENSEUR EUROPÉEN.

———◦◦———

Arrêtés en vertu d'un mandat de dépôt décerné contre nous par M. Reverdin, chevalier de Saint-Louis et juge d'instruction, immédiatement après avoir subi un interrogatoire sur le contenu du troisième volume du Censeur Européen, nous avons dénoncé à M. le procureur du Roi notre arrestation comme arbitraire, soit dans la forme, soit au fond.

M. le juge d'instruction, persuadé sans doute

de la justice de nos réclamations, au moins quant à l'irrégularité de son mandat de dépôt, a cru rendre notre arrestation régulière en lançant, contre chacun de nous, un mandat d'arrêt.

Ce mandat, décerné le 26 juin dernier, ne faisait aucune mention des faits pour lesquels il était décerné ; nous en avons demandé l'annullation à la sixième chambre du tribunal de première instance du département de la Seine, par une requête du 15 de ce mois. Nous avons fondé notre demande sur les dispositions des art. 77 et 78 de la loi constitutionnelle du 22 frimaire an 8, et sur l'art. 96 du Code d'instruction criminelle. Nous avons demandé subsidiairement, et dans le cas où le tribunal ne jugerait pas à propos d'annuller notre arrestation, d'être provisoirement mis en liberté sous caution, conformément aux articles 114 et 118 du même Code.

Le 19 de ce mois, MM. les juges composant la sixième chambre du tribunal, se sont réunis en la chambre du conseil, et après avoir entendu M. le procureur du Roi, ils y ont rendu un jugement par lequel ils nous ont déclaré non-recevables dans nos demandes ;

Attendu, ont-ils dit, qu'aucune disposition du Code ne prononce la nullité des mandats d'arrêt, à l'égard desquels les formalités pres-

crites par les articles 94 , 95 et 96 , n'ont pas été
rigoureusement observées ; et qu'étant prévenus
de délits prévus par la loi du 9 novembre 1815 ,
aux termes de l'art. 11 de cette loi , les dispositions de l'art. 114 du Code d'instruction criminelle sur la liberté provisoire , ne peuvent être
appliquées. »

C'est de ce jugement que nous nous sommes
rendu appelans devant la Cour.

Notre appel est motivé , 1°. sur ce que le jugement du tribunal a été rendu à huis clos en la
chambre du conseil , au lieu d'être rendu en audience publique ;

2°. Sur ce que les mandats d'arrêt décernés
contre nous ont été maintenus, quoiqu'il fût reconnu qu'ils n'étaient pas revêtus des formes prescrites par les articles 77 et 78 de l'acte constitu-
tionnel de l'an 8, par l'article 96 du Code d'instruction criminelle et par l'article 4 de la charte;

3°. Enfin , sur ce que les prévenus des délits
prévus par la loi du 9 novembre 1815 , pouvant
être laissés en liberté, sans caution , pendant le
cours de la procédure , comme cela résulte de la
jurisprudence constante du tribunal , il n'est pas
permis de supposer que le législateur a interdit
aux tribunaux de les remettre en liberté, même
en donnant caution.

1 *

Une des garanties les plus sûres que les lois
ont données aux citoyens contre l'arbitraire dans
l'administration de la justice , c'est la publicité
des plaidoyers , des rapports , des jugemens.

La loi du 24 août 1790, art. 14, avait fait aux
tribunaux un devoir de cette publicité : « En
» toute matière civile ou criminelle , disait-elle ,
» les plaidoyers , rapports et jugemens seront
» publics ; et tout citoyen aura le droit de dé-
» fendre lui-même sa cause , soit verbalement ,
» soit par écrit. »

Jusqu'à la publication du Code d'instruction
criminelle, l'observation de cet article a été prescrite sous peine de nullité. A cette époque , la
publicité a été de nouveau consacrée en prin-
cipe : l'art. 190 de ce Code , qui dispose parti-
culièrement pour les tribunaux correctionnels ,
l'exige impérieusement. « L'instruction , dit-il ,
» sera publique , à peine de nullité. »

Enfin , l'art. 64 de la charte porte que les débats seront publics en matière criminelle , à
moins que cette publicité ne soit dangereuse pour
l'ordre et les mœurs, et que , dans ce cas , le tribunal le déclare par un jugement.

Le jugement qui a rejeté nos demandes a été
rendu en la chambre du conseil : c'est aussi en
la chambre du conseil que M. le procureur du

Roi a donné ses conclusions. Ce jugement doit donc être annullé, suivant les dispositions des lois précitées. Si le tribunal pensait que la publicité d'une discussion sur la régularité de deux mandats d'arrêt et d'une demande de mise en liberté sous caution, fût dangereuse pour l'ordre et les mœurs, il devait d'abord le déclarer par un jugement ; ne l'ayant pas déclaré, les règles ordinaires de la procédure devaient être observées.

Il est vrai que l'art. 114 du Code d'instruction criminelle porte que *la chambre du conseil* pourra, sur la demande du prévenu et sur les conclusions du procureur royal, ordonner que le prévenu sera mis provisoirement en liberté, moyennant caution solvable de se représenter à tous les actes de la procédure, et pour l'exécution du jugement, aussitôt qu'il en sera requis. Mais cet article suppose évidemment que la demande est formée avant que la chambre du conseil soit dessaisie de la cause, et que c'est à elle que le prévenu s'est adressé ; tandis que, usant de la dernière disposition du même article, suivant laquelle la mise en liberté provisoire avec caution peut être demandée et accordée en tout état de cause, nous nous étions adressés au tribunal de police correctionnelle saisi de l'affaire par l'ordonnance de renvoi et par l'art. 182 du

Code d'instruction criminelle ; et ce tribunal ne pouvait juger, comme on l'a déjà vu , qu'en audience publique.

D'ailleurs, notre demande de mise en liberté provisoire, sous caution , n'était qu'une demade subsidiaire ; notre demande principale avait pour objet de faire prononcer l'annullation des deux mandats d'arrêt décernés contre nous, et d'obtenir ainsi notre mise en liberté pure et simple : or aucune disposition de loi n'autorisait le tribunal à prononcer à huis clos en semblable matière.

Le jugement du tribunal doit donc être annullé pour l'inobservation des règles judiciaires; et en supposant qu'il ne dût pas l'être , la Cour devrait toujours le réformer , en ce qu'il a reconnu comme valables deux mandats d'arrêt irréguliers , et en ce qu'il a refusé d'admettre notre demande en liberté provisoire sous caution.

Les mandats d'arrêts décernés contre nous ne font aucune mention des faits pour lesquels nous sommes mis en état d'arrestation, et les articles de loi qu'ils citent sont si généraux qu'ils prévoient quarante ou cinquante espèces de délits différens : ces faits résultent des mandats d'arrêt que nous avons attaqués ; ils sont d'ailleurs reconnu par le jugement du tribunal.

Cependant, l'article 77 de la loi constitutionnelle de l'an 8 porte : pour que l'acte qui ordonne l'arrestation d'une personne puisse être exécuté, il faut qu'il exprime formellement le motif de l'arrestation, et la loi en exécution de laquelle elle est ordonnée. L'article 78 ajoute : Un gardien ou geolier ne peut recevoir ou détenir aucune personne qu'après avoir transcrit sur son registre l'acte qui ordonne l'arrestation : cet acte doit être un mandat donné dans les formes prescrites par l'article précédent. Les articles 95 et 96 du Code d'instruction criminelle, veulent que le mandat d'arrêt soit signé par celui qui l'aura délivré et muni de son sceau, que le prévenu y soit désigné le plus clairement qu'il sera possible, enfin qu'il contienne *l'énonciation du fait pour lequel il est décerné*, et la citation de la loi qui déclare que ce fait est un crime ou délit. Enfin l'article 4 de la charte, placé sous la rubrique *des droits publics des Français*, est ainsi conçu : « Leur liberté individuelle est également garantie, personne ne pouvant être poursuivi ni » arrêté que dans les cas prévus par la loi, *et* » *dans la forme qu'elle prescrit.* »

Le jugement que nous attaquons laisse de côté

les dispositions des articles 77 et 78 de la loi constitutionnelle de l'an 8, ainsi que l'article 4 de la charte, et considérant ensuite qu'aucune disposition du Code d'iustruction criminelle ne prononce la nullité des mandats d'arrêt à l'égard desquels les formalités prescrites par les articles 94, 95 et 96 du même Code n'ont pas été rigoureusement observées, il nous déclare mal-fondés dans notre demande.

Pour apprécier cette décision, il faut examiner quelles en seraient les conséquences. Si les formalités prescrites par les art. 95 et 96 du code d'instruction criminelle, pour les mandats d'arrêt ou de dépôt, ne sont point prescrites à peine de nullité, il s'en suit, 1°. qu'il n'est pas nécessaire que ces mandats soient signés par celui qui les aura décernés, ni munis de son sceau; 2°. qu'il n'est pas nécessaire non plus que le prévenu y soit désigné; 3°. enfin, qu'il n'est pas nécessaire qu'ils contiennent l'énonciation des faits pour lesquels ils sont décernés, ni la citation de la loi qui déclare que ces faits sont des crimes ou des délits.

Aucune forme n'est donc prescrite pour arrêter et détenir les citoyens; tout gendarme muni d'un chiffon de papier sur lequel se trouvent les mots *mandat d'arrêt*, peut donc, à son choix,

arrêter et faire détenir la première personne qui
lui tombe sous la main ; et si la personne ainsi
arrêtée réclame sa liberté, on peut lui répondre :
« Aucune disposition du code d'instruction criminelle ne prononce la nullité des mandats d'arrêt à l'égard desquels les formalités prescrites
par les art. 94, 95 et 96 n'ont pas été rigoureusement observées ». Voilà donc à quoi se réduit
en France la liberté individuelle qui est garantie
aux citoyens!

Mais ne faisons point injure à la loi : les articles du code d'instruction criminelle cités par
le jugement du tribunal de première instance,
n'ont pas le sens que ce jugement leur a prêté.
L'art. 112 est ainsi conçu : « L'inobservation des
formalités prescrites pour les mandats de comparution, de dépôt, d'amener et d'arrêt, sera toujours punie d'une amende de cinquante francs au
moins contre le greffier, et, s'il y a lieu, d'in-
jonctions au juge d'instruction et au procureur
eu Roi, même de prise à partie s'il y échet. »

Cet article détermine, il est vrai, les peines
qui doivent être prononcées contre les fonctionnaires publics, qui, dans les mandats d'arrêt ou
de dépôt qu'ils ont décernés, n'ont point rempli
les formalités prescrites par la loi. Mais de ce que
les fonctionnaires qui ont violé la loi doivent être

punis, s'ensuit-il que les actes par lesquels ils l'ont violée doivent être déclarés réguliers ? Que dirait-on de celui qui, produisant un acte reconnu faux, croirait le faire déclarer valable, en disant que le faussaire doit être condamné aux travaux forcés perpétuels ? Le raisonnement sur lequel est fondé le jugement que nous attaquons, est-il beaucoup plus juste ?

Les art. 407, 408 et 413 du code d'instruction criminelle, cités dans ce jugement, ne sont pas plus concluans que l'art. 112.

Le premier est conçu en ces termes : « Les arrêts et jugemens rendus en dernier ressort, en matière criminelle, correctionnelle ou de police, ainsi que l'instruction et les poursuites qui les auront précédées, pourront être annullés dans les cas suivans, et sur des recours dirigés d'après les distinctions qui vont être établies.

» Lorsque l'accusé aura subi une condamnation, ajoute l'art. 108, et que, soit dans l'arrêt de la Cour royale qui aura ordonné son renvoi devant une cour d'assises, soit dans l'instruction et la procédure qui auront été faites devant cette dernière cour, soit dans l'arrêt même de condamnation, il y aura eu violation ou omission de quelques-unes des formalités que le présent code prescrit sous peine de nullité, cette omission ou violation donnera lieu, sur la poursuite de la partie condamnée ou du ministère public, à l'annullation de l'arrêt de condamnation et de ce qui l'a précédé, à partir du plus ancien acte nul. »

» Il en sera de même, tant dans les cas d'incompétence, lorsqu'il aura été omis ou refusé de prononcer, soit sur une ou plusieurs demandes de l'accusé, soit sur une ou plusieurs réquisitions du ministère public, tendant à user d'une faculté ou d'un droit accordé par la loi, bien que la peine de nullité ne fût pas textuellement attachée à l'absence de la formalité dont l'exécution aura été demandée ou requise. »

Enfin, l'article 413 porte : « Les voies d'annullation, exprimées en l'article 408, sont, en matière correctionnelle et de police, respectivement ouvertes à la partie poursuivie pour un délit ou une contravention, au ministère public et à la partie civile, s'il y en a une, contre tous arrêts ou jugemens en dernier ressort, sans distinction de ceux qui ont prononcé le renvoi de la partie ou sa condamnation.

» Néanmoins, lorsque le renvoi de cette partie aura été prononcé, nul ne pourra se prévaloir contre elle de la violation ou omission des formes prescrites pour assurer sa défense. »

Après avoir attentivement lu ces trois articles, on est obligé de chercher quelle analogie il, peut exister entre les dispositions qu'ils renferment et la question que le tribunal avait à juger. Ces articles placés dans le titre 3 du Code d'instruction criminelle, et sous la rubrique *des manières de se pourvoir contre les arrêts ou jugemens*, n'ont en effet pour objet que d'indiquer les cas dans lesquels on pèut attaquer un jugement ou un arrêt ; mais ce n'est ni d'un arrêt, ni d'un jugement que nous avons demandé l'annullation, c'est de notre arrestation qu'aucune autorité judiciaire n'avait confirmée. .

Ce qui a induit le tribunal en erreur, c'est sans doute la disposition qui déclare une *condamnation* nulle, lorsque, dans le cours de l'*instruction*, il y a eu violation ou omission de quelques-unes des formalités que la loi prescrit, *à peine de nullité*. Mais il n'existe aucune analogie entre une *condamnation* et un *emprisonnement*. Une condamnation suppose qu'il y a eu des débats entre le condamné et le ministère public : elle suppose qu'il a existé un fait répréhensible publiquement constaté, et une loi qui a mis ce fait au nombre des crimes ou des délits ; enfin, elle suppose qu'un tribunal compétent a reconnu la culpabilité du prévenu : une arresta-

tion au contraire ne suppose rien, c'est un fait
matériel qui n'admet ni preuve de délit, ni discussion, ni examen; c'est un fait qui peut être
exécuté par tout individu qui a la force d'en con-
traindre un autre; et si la parité établie par le
tribunal, entre un mandat d'arrêt et un jugement
de condamnation pouvait être admise, il s'ensui-
vrait qu'une personne pourrait être séquestrée
pour le reste de ses jours, puisque la loi ne lui of-
frirait aucun moyen de faire cesser sa détention.

Un mandat d'arrêt ne peut pas d'ailleurs être
mis au rang des actes d'*instruction*, dont l'irrégularité peut amener la nullité d'une condamnation; un mandat d'arrêt n'apprend rien à la justice; il ne peut pas l'*instruire*; il n'est qu'un
moyen de s'assurer de la personne du prévenu,
et de lui indiquer le fait qui lui est imputé, et la
loi qu'on se propose de lui faire appliquer. Un
mandat d'arrêt est si peu un acte d'*instruction*,
sur-tout en matière correctionnelle, qu'il est
excessivement rare qu'il en soit décerné contre
les prévenus, et que ce n'est que par une exception qui nous est toute particulière, que M. Reverdin a cru nécessaire d'en décerner un contre
chacun de nous. Ainsi, quand même il serait
possible d'apercevoir quelque analogie entre une
condamnation et un emprisonnement, le raisonnement du tribunal manquerait encore de jus-

tesse , puisqu'une arrestation n'est pas un acte d'instruction.

Enfin , il n'est pas exact de dire que la loi ne prononce pas la nullité des mandats d'arrêt dans lesquels les formalités prescrites par les articles 95 et 96 du Code d'instruction criminelle. Ce Code a été promulgué le 29 novembre 1808. Pour en bien comprendre les dispositions, on a dû, depuis le moment de la promulgation jusqu'au moment au moins où le gouvernement impérial a été renversé, les combiner avec les lois alors existantes, ou avec les actes qui avaient force de loi; de ce nombre étaient les dispositions de la constitution de l'an 8, qui n'avaient point été abrogées par les actes subséquens; et l'on pouvait mettre au nombre de ces dispositions, celles des articles 77 et 78. Or, le premier de ces articles voulait qu'un acte qui ordonnerait l'arrestation d'une personne, ne pût être exécuté s'il n'exprimait formellement le motif de l'arrestation et la loi en exécution de laquelle elle était ordonnée ; et le second interdisait à tout gardien ou geolier de recevoir ou détenir aucune personne qu'après avoir transcrit sur son registre l'acte qui ordonnait l'arrestation : cet acte devait être un mandat donné dans les formes prescrites par l'article précédent.

Ce peut être une question aujourd'hui de savoir si la chute du gouvernement impérial a entraîné la chute des constitutions de l'empire : il serait difficile de résoudre cette question par des faits ou par des exemples, puisque si le Gouvernement exécute une partie de ces constitutions, il en laisse sans exécution une grande partie. Mais ce qui ne peut pas être une question, c'est que, sous l'empire de la charte constitutionnelle, la liberté individuelle ne peut pas avoir moins de garantie que sous le gouvernement impérial. L'article 4 ne peut, à cet égard, nous laisser aucun doute, puisqu'il déclare que la liberté individuelle des Français est garantie, personne ne pouvant être poursuivi ni *arrêté* que dans les cas prévus par la loi, *et dans la forme qu'elle prescrit.*

Le jugement du tribunal de première instance qui décide que nous avons pu être arrêtés, et que nous pouvons être détenus en vertu d'un acte qui n'est point *dans la forme que la loi prescrit,* est donc contraire aux articles 77 et 78 de la loi constitutionnelle de l'an 8, aux articles 95 et 96 du Code d'instruction criminelle, et à l'article 4 de la Charte constitutionnelle. Nous devons donc espérer qu'en le réformant, la Cour prononcera l'annullation des mandats d'arrêt qui ont été décernés contre nous par M. Reverdin , juge d'instruction , et que , par suite , elle voudra bien ordonner notre mise en liberté.

Que si , contre toute attente , la Cour pensait que nous avons pu être arrêtés , et que nous pouvons être détenus sans formalité légale , nous demanderions qu'elle voulût bien nous acorder notre liberté provisoire sous caution. Nous l'avons déjà demandée au tribunal de première instance; mais il a rejeté notre demande, se fondant sur une disposition de la loi du 9 novembre 1815, qui ne permet pas , dit-il , d'accorder la liberté provisoire sous caution , quand on est accusé d'écrits tendant à affaiblir le respect dû à la personne ou à l'autorité du Roi.

Nous pourrions concevoir ce motif, si la loi faisait un devoir aux magistrats de faire arrêter les prévenus de semblables délits , et si une jurisprudence constante n'avait pas donné une autre interprétation à la loi. Mais comment pourrions-nous le concevoir, lorsqu'il est constant en fait que , de toutes les personnes qui ont été prévenues de délits prévus par la loi du 9 novembre 1815, aucune n'a été arrêtée ; lorsqu'il est constant que celles mêmes qui ont été traitées avec le plus de rigueur , ont conservé leur liberté pendant l'instruction , après le jugement qui les a condamnées, et jusqu'à ce que l'arrêt qui a confirmé leur condamnation, soit devenu inattaquable ? Si des écrivains prévenus du même délit que nous ont pu conserver leur liberté sans caution, pourquoi ne pourrions nous pas obtenir provisoirement la nôtre en donnant caution ? Serions-nous plus coupables que les autres, parce que nous aurions résisté à l'esprit de parti, et voudrait-on nous punir de ne nous être rangés sous la bannière d'aucune faction?

La Cour, nous osons l'espérer, ne permettra point cette distiction de personnes, qui deviéndrait une injure à la loi; et, en admettant notre demande, elle nous rendra à la liberté.

Nous devons d'autant plus l'espérer, que, depuis un mois et demi que nous sommes détenus, l'ouvrage qu'on nous a fait saisir a été contrefait, et distribué presque publiquement chez la plupart des libraires de Paris, sans que le contrefacteur ni les débitans de l'édition contrefaite, aient été inquiétés.

DEMANDE

DE MISE EN LIBERTÉ,

Adressée à la sixième Chambre du Tribunal de première instance de la Seine, jugeant en police correctionnelle,

PAR LES AUTEURS DU CENSEUR EUROPÉEN.

—◦◦◦◦◦—

MESSIEURS,

Depuis un mois, nous sommes détenus à la maison d'arrêt de la Force, en vertu d'un ordre émané de M. Reverdin, chevalier de Saint-Louis, et juge d'instruction; nous nous adressons au tribunal pour obtenir notre mise en liberté.

Pour qu'une personne puisse être arrêtée et détenue sans arbitraire, il faut deux choses :

qu'il lui soit imputé des faits qualifiés *crimes* ou *délits* par la loi, et que l'ordre de son arrestation et de sa détention soit revêtu des formes légales, et donné par un magistrat compétent.

Nous croyons avoir déjà prouvé que les faits pour lesquels nous sommes détenus ne sont point ainsi qualifiés. La justice décidera plus tard si nous avons bien ou mal raisonné.

Mais en attendant qu'elle rende une décision à cet égard, nous croyons devoir lui demander notre mise en liberté, à cause de la nullité du mandat en vertu duquel nous sommes détenus.

Dans un acte signifié à M. le procureur du Roi, le 21 du mois dernier, nous avons déjà réclamé contre notre arrestation et contre notre détention. Nous avons cherché à lui faire voir que l'ouvrage qui avait motivé notre arrestation ne pouvait plus donner lieu à aucune poursuite, faute de notification, dans les vingt-quatre heures, de l'ordre et des procès-verbaux de saisie, et que les volumes saisis devaient même nous être rendus, suivant les dispositions de la loi du 28 février dernier (1).

_____

(1) « Lorsqu'un écrit aura été saisi en vertu de l'article 15 du titre II de la loi du 21 octobre 1814, l'ordre de saisie et le procès-verbal seront, *sous peine de nul-*

⌐ Nous avons cherché à lui prouver , en outre , que le mandat de dépôt lancé contre nous , ne pouvait pas être mis à exécution , puisqu'il ne faisait mention ni du fait qui nous était imputé , ni de la loi qui classait ce fait parmi les crimes ou les délits. Nous avons appuyé nos réclamations sur les articles 77 et 78 de la loi constitutionnelle de l'an 8 , qui détermine les formes de tout acte par lequel l'arrestation d'une personne est ordonnée , et sur l'article 615 du Code d'instruction criminelle , qui prescrit l'observation des deux articles précités.

Cependant , comme il ne s'agissait que d'un simple mandat de dépôt , on aurait pu prétendre que M. le juge avait pu se dispenser de faire mention du fait pour lequel il ordonnait notre

---

lité , notifiés dans les vingt-quatre heures à la partie, qui pourra y former opposition.

» En cas d'opposition , le procureur du Roi fera toute diligence pour que, dans la huitaine, à dater du jour de ladite opposition , il soit statué sur la saisie.

» Le délai de huitaine expiré, la saisie , si elle n'est maintenue par le tribunal (elle ne peut pas être maintenue quand elle est nulle) , *demeurera , de plein droit, périmée et sans effet , et tous dépositaires de l'ouvrage saisi seront tenus de le remettre au propriétaire.* » — Loi du 28 février 1817.

arrestation, et de la loi qui mettait ce fait au nombre des délits. A la vérité, cette interprétation aurait été contraire à l'article 615 du Code d'instruction criminelle, qui ordonne implicitement l'exécution des art. 77 et 78 de la loi constitutionnelle de l'an 8; mais du moins elle eût paru autorisée par l'article 95 du même Code, qui semble ne pas exiger, pour les mandats de dépôt, les mêmes formalités que pour les mandats d'arrêt.

M. le juge d'instruction a pris soin de lever lui-même la difficulté. Il a converti en mandat d'arrêt le mandat de dépôt qu'il avait précédemment décerné contre nous. C'est donc en vertu d'un mandat d'arrêt que nous nous trouvons détenus ; la question est de savoir si ce mandat est revêtu des formalités prescrites par la loi. Nous rappellerons ici les dispositions des deux articles de la constitution de l'an 8, que nous avons précédemment cités. L'article 77 est conçu en ces termes :

« Pour que l'acte qui ordonne l'arrestation d'une personne puisse être exécuté, il faut, 1°. *qu'il exprime formellement le motif de l'arrestation, et la loi en exécution de laquelle elle est ordonnée ;* 2°. qu'il émane d'un fonctionnaire à qui la loi ait donné formellement ce pou-

BIBLIOTHEQUE ROYALE

voir ; 3°. qu'il soit notifié à la personne arrêtée ,
et qu'il lui en soit laissé copie.

» Un gardien ou geolier , ajoute l'article 78 ,
ne peut recevoir ou détenir aucune personne
qu'après avoir transcrit sur son registre l'acte qui
ordonne son arrestation ; cet acte doit être *un*
mandat donné dans les formes prescrites par
l'article précédent, ou une ordonnance de prise
de corps , ou un décret d'accusation , ou un jugement. »

Ces deux articles , nous l'avons déjà dit , n'ont
point été abrogés. La charte a , au contraire ,
garanti la liberté individuelle , et on ne peut pas
admettre qu'en la garantissant , elle a détruit les
seules dispositions qui peuvent nous en faire jouir.
Le Code d'instruction criminelle renferme d'ailleurs , sur le mandat d'arrêt , des dispositions
tellement précises , qu'elles ne laissent lieu à aucun doute sur les formes à suivre.

« Les mandats de comparution, d'amende et
de dépôt , dit l'art. 95, seront signés par celui
qui les aura décernés , et munis de son sceau.

» Le prévenu y sera nommé ou désigné le plus
clairement qu'il sera possible.

» Les mêmes formalités , ajoute l'article 96 ,
seront observées dans le mandat d'arrêt; ce mandat contiendra de plus , *l'énonciation du fait*

pour lequel il est décerné ; et la citation de la loi qui déclare que ce fait est un crime ou délit.

Les mandats d'arrêt décernés contre nous par M. Reverdin , juge d'instruction ; sont ainsi conçus :

« Nous Jean-François Reverdin , chevalier de Saint-Louis , juge d'instruction , etc. , mandons et ordonnons à tous huissiers et agens de la force publique , d'arrêter et de conduire en la maison d'arrêt de la Force, le nommé , etc. , *prévenu de délits prévus par les articles* 5 , 8 , 9 *et* 10 *de la loi du* 9 *novembre* 1815 , enjoignons au gardien de ladite maison d'arrêt de le recevoir , etc. »

Aucun fait n'est donc énoncé dans les mandats d'arrêt : la citation des articles de la loi y est seule indiquée. Ces mandats ne pouvaient donc pas être mis à exécution ; et nous nous trouvons ainsi arbitrairement détenus , puisque l'acte en vertu duquel on nous détient, est illégal. Les articles de la loi, que M. le juge d'instruction a cités , peuvent d'autant moins nous faire connaître les faits pour lesquels nous sommes détenus , que les délits qu'ils prévoient sont innombrables.

L'article 5 en prévoit à lui seul de quatre espèces ; la tentative d'affaiblir , par des injures ou par des calomnies , le respect dû à la personne

ou à l'autorité du Roi ; la tentative d'affaiblir ,
par les mêmes moyens, le respect dû à la personne des membres de sa famille ; l'invocation
du nom de l'usurpateur, ou d'un individu de sa
famille , ou de tout autre chef de rebellion ; enfin
l'excitation de désobéissance au Roi.

L'article 8 en prévoit de trois espèces : il prévoit la propagation d'alarmes touchant l'inviola-
bilité des propriétés qu'on appelle nationales ; la
propagation de bruits d'un prétendu rétablisse-
ment des dîmes ; la propagation de nouvelles tendant à alarmer les citoyens sur le maintien de
l'autorité légitime et à ébranler leur fidélité.

L'art. 9 en prévoit un bien plus grand nombre ;
il prévoit d'abord les provocations indirectes à
l'un des huit délits prévus par les deux articles
précédens. Il prévoit ensuite les provocations aux
délits énoncés dans l'art. 6 , et ils sont au nombre
de trois , la gravure , l'exposition ou la distribution d'images qui tendraient au même but que les
discours et les écrits mentionnés en l'art. 5. Il prévoit, en troisième lieu , les provocations aux délits
énoncés dans l'art. 7 , et ceux-ci sont au nombre
de cinq : l'enlèvement ou la dégradation du dra-
peau blanc, des armes de France et autres signes
de l'autorité royale, la fabrication , le port, la
distribution de cocardes quelconques ou autres

signes de ralliement non autorisés. Il en prévoit encore beaucoup d'autres dont il est inutile de faire l'énumération.

Ainsi , M. le juge d'instruction n'a cité aucun fait dans ses mandats d'arrêt ; et les articles de la loi qu'il a indiqués , prévoient au moins trente ou quarante délits différens. Comment pourrions-nous , sur une pareille citation , connaître les faits qui nous sont imputés ?

Le tribunal doit donc annuller les mandats d'arrêt en vertu desquels nous sommes détenus, et ordonner que nous serons mis sur-le-champ en liberté.

Nous osons espérer que le tribunal ne balancera point à accueillir notre demande , s'il veut bien considérer qu'il est au moins douteux que le ministère public ait une action à exercer contre nous , ne nous ayant pas fait notifier dans les vingt-quatre heures l'ordre et les procès-verbaux de saisie, et qu'il est à peu près sans exemple qu'en matière d'écrits, des auteurs , imprimeurs ou libraires, aient été arrêtés avant leur jugement.

Dentu , Favre et Chaumerot, arrêtés d'abord pour la publication d'une brochure , intitulée *Extrait du Moniteur* , furent mis en liberté avant même que la chambre d'accusation eût prononcé, et ils restèrent libres jusqu'à la fin du procès.

M. Fayolle et Charles, l'un auteur et l'autre imprimeur d'un écrit intitulé *Lettre au Roi*, furent mis en jugement à cause de cet écrit ; mais ni l'un ni l'autre ne furent arrêtés avant qu'il eût été décidé s'ils étaient coupables.

L'abbé Vinson et un autre ecclésiastique, cités en police correctionnelle, l'un pour avoir publié un ouvrage contre le concordat, l'autre pour en avoir publié un, tendant à alarmer les acquéreurs de domaines nationaux, ont toujours conservé leur liberté ; il paraît même qu'ils n'en ont pas été privés après le jugement qui les a condamnés.

M. le comte Duchaffaud, ci-devant colonel, et aujourd'hui prêtre, condamné au mois d'août 1815, pour avoir publié un ouvrage, intitulé *Réflexions sur la révolution de France*, a conservé sa liberté avant, et même après sa condamnation.

Chassaignon, imprimeur, jugé pour avoir réimprimé et fait colporter une proclamation dont il avait changé la date, et qui, au moyen de ce changement, tendait à alarmer les citoyens *sur le maintien de l'autorité légitime*, est resté libre, jusqu'à ce que sa condamnation a eu acquis l'autorité de la chose jugée.

L'auteur, et l'imprimeur (madame veuve Jeunehomme) d'un écrit intitulé *Réponse du Muphti de Constantinople au mandement des vicaires généraux du chapitre métropolitain de Paris;* M. Salvandy, auteur de la brochure intitulée *De la coalition et de la France;* M. Chatelain, auteur d'une brochure intitulée *Le Vœu unanime,* et plusieurs autres auteurs ou imprimeurs, non-seulement n'ont pas été arrêtés, mais même n'ont pas été mis en jugement, quoique leurs écrits aient été saisis.

M. Chevalier, auteur, et Dentu, imprimeur d'un écrit intitulé *Première lettre à M. le comte Decazes,* ont joui de leur liberté pendant tout le cours de la procédure; l'un et l'autre, quoique condamnés par un premier jugement, sont restés libres jusqu'après l'arrêt qui a été rendu sur leur appel.

M. Rioust, dont l'ouvrage a été jugé avec beaucoup de sévérité, a été traduit en police correctionnelle pour avoir livré à l'impression un écrit intitulé *Carnot,* avec cette épigraphe : *fruitur famâ sui;* mais il n'a point été arrêté avant le jugement; il ne l'a pas même été après qu'il a été condamné par le tribunal de police

correctionnelle à deux années d'emprisonnement; et, si le ministère public a agi contre lui,
ce n'est qu'après que la décision des premiers
juges a été confirmée.

Nous pourrions ajouter à ces noms ceux de
Dufey, auteur, et de Babœuf, imprimeur de
l'écrit intitulé *Confessions de Napoléon Bo-
naparte*; celui de M. Bergasse, auteur d'un vo-
lumineux ouvrage sur la politique; celui de Lau-
rent Beaupré, débitant de l'écrit intitulé *Ca-
binet de Saint-Cloud*; celui de l'auteur d'un
ouvrage ayant pour titre *Eloge de Richer Sé-
risy*, et une foule d'autres que nous nous abs-
tiendront de rappeler.

Ainsi, de tous les auteurs ou imprimeurs dont
on a saisi les ouvrages, les uns n'ont point été
poursuivis; les autres n'ont point été arrêtés,
même après leur condamnation, et presqu'au-
cuns n'ont été privés de leur liberté avant le jugement. Cependant, les écrits de la plupart
d'entre eux n'avaient été dictés que par l'esprit
de parti, ou par le désir de satisfaire des pas-
sions personnelles.

M. le juge d'instruction a vu, dans le volume
qui faisait l'objet de ses recherches, et dans ceux
même qu'il ne lui était pas permis d'apprécier,
un ouvrage incendiaire, appelant les Français à

l'insurrection, et tendant à semer partout le trouble et la révolte ; et c'est sans doute pour cela qu'il a mis dans ses actes une rigueur qu'on pourrait attribuer à la haine ou à la vengeance, si de tels sentimens pouvaient approcher du cœur de ce magistrat.

Si M. le juge eût lu avec un peu plus d'attention l'ouvrage dont il a fait une si amère censure, il y aurait trouvé précisément le contraire de ce qu'il a cru y voir. Il y aurait vu que, bien loin d'y professer des doctrines de désorganisation ou de trouble, nous n'avons au contraire cherché qu'à combattre les doctrines de cette nature, à détruire les maximes qui nous avaient égarés pendant le cours de notre révolution, et à développer les principes constitutionnels qui doivent servir de base au gouvernement français.

Nous avons défendu la liberté ; mais, en même temps que nous l'avons défendue, nous avons cherché à la faire entendre ; nous avons cherché à faire voir que la liberté consiste bien moins à former des clubs, à délibérer ou à voter dans des assemblées populaires, qu'à exercer sans obstacle ses talens ou son industrie, à jouir des biens qui en sont le produit, de la manière la plus conforme à sa nature ; à n'être gêné, ni dans sa personne, ni dans la disposition de ses proprié-

tés, toutes les fois qu'on ne nuit point à autrui,
ou qu'on ne s'écarte pas des obligations auxquel-
les l'homme se trouve naturellement soumis ; en
un mot, à être respecté dans sa personne et dans
ses propriétés, ou à n'être soumis à aucun arbitraire. Si nous avons défendu la liberté politique,
nous avons cherché à faire voir qu'elle ne devait
être qu'un moyen d'assurer la liberté civile, et
que tout ce qui ne tendait pas vers cet objet,
était un mal au lieu d'être un bien.

L'égalité n'a pas consisté, à nos yeux, en ce
que chacun pût indistinctement exercer l'autorité; nous n'avons pas cru qu'il suffît d'avoir
une forme humaine pour être propre à remplir
toute espèce de fonctions publiques; nous avons
pensé que les emplois publics n'étant qu'un
moyen employé pour assurer la tranquillité et
le bien-être des citoyens, devaient être considé-
rérés comme des charges imposées aux hommes
qui, par leurs habitudes, par leurs lumières, par
leur fortune ou par la noblesse de leur caractère, seraient le plus en état de les supporter ;
nous avons cru, en conséquence, qu'au lieu de
déclarer, comme on l'a trop souvent fait, que
tous les citoyens ont *droit* de parvenir aux places
ou emplois, on aurait dû dire que tout homme
appelé à remplir des fonctions publiques, serait

tenu ou *obligé* de les remplir , à moins qu'il se
trouvât dans quelque cas d'exception.

Mais , pour qu'une telle déclaration ne fût
pas une vaine formule, il nous a semblé que les
salaires ou les prérogatives attachés aux emplois
publics , devaient être assez modérés pour que
ces emplois ne cessassent jamais d'être une véri-
table charge , et ne pussent pas devenir un objet
d'ambition. Il nous a paru qu'en y attachant
des prérogatives trop étendues, ou des salaires
peu modérés, ou en les multipliant au-delà de ce
que demande une rigoureuse nécessité , on serait obligé de faire peser sur le peuple des charges proportionnées aux dépenses ; qu'on décou-
ragerait ainsi les hommes qui s'adonnent à des
occupations utiles , en leur enlevant une partie
considérable des fruits de leurs travaux ; qu'on
les exciterait même à devenir des ambitieux ,
ou des intrigans, en leur faisant voir qu'il y
aurait plus à gagner à remplir des emplois publics qu'à rester dans la vie privée.

La modération des salaires et des prérogatives
attachés aux fonctions publiques, nous a paru en
outre le moyen le plus convenable d'éteindre
l'esprit de faction. Lorsque les emplois devien-
nent un moyen de s'enrichir , il n'y a pas de
de raison pour que les factions puissent s'étein-

dre ; car le poids des impôts chasse continuellement les hommes des occupations utiles, et les
pousse vers le gouvernement. Ceux qui ont ainsi
placé leurs espérances dans l'occupation de quel-
qu'emploi public, et qui voient ces espérances
trompées , n'ont d'autres ressources qu'un
changement dans le gouvernement. Tous leurs
vœux tendent dès-lors vers cet objet ; et comme
les hommes qui se trouvent dans ce cas, sont
toujours plus nombreux que les emplois à donner, le gouvernement qui se croit fort parce
qu'il paie beaucoup, se trouve par cela même plus
faible ; car outre les mécontens qui aspirent aux
fonctions publiques , et qui ne peuvent y parvenir , il a à craindre les hommes sur lesquels
il fait peser les impôts.

L'esprit de démagogie, qui porte sans cesse
vers le gouvernement les hommes qui se trouvent
dans les derniers rangs de la société, nous a
paru ne devoir l'existence , dans nos temps mo-
dernes, qu'à la même cause. Lorsque les hommes
s'aperçoivent qu'on peut s'enrichir par l'exercice
de l'autorité , et que les impôts qu'ils paient
sont hors de proportion avec la sûreté qui leur
est accordée en retour, il est naturel qu'ils aspirent tous à l'autorité , qu'ils veuillent se gou-
verner eux-mêmes, et que le gouvernement de

vienne en quelque sorte le but de la société. On
a pu remarquer en effet , que , de tous les pays,
ceux où l'on a payé les impôts les plus consi-
dérables , ont aussi été ceux où l'esprit déma-
gogique s'est montré avec le plus de force. Si
l'on y eût à temps constitué le pouvoir de manière qu'il fût peu productif pour les hommes
qui en étaient investis , et par conséquent peu
onéreux pour ceux sur lesquels il était exercé , il
est probable que tout serait aussitôt rentré dans
l'ordre , et que chacun eût repris ses occupations habituelles. Le système le plus favorable à
l'économie nous a donc paru aussi le plus favorable
au gouvernement , et nous avons cru que c'était
chercher à lui donner de la force , que de chercher à lui faire diminuer ses dépenses. C'est
dans la même vue que nous avons cru nécessaire de réfuter un ouvrage (le Manuscrit venu
de Saint-Hélène) dans lequel on soutient des
principes contraires.

Pour amener ou pour maintenir un tel ordre
de choses, nous n'avons pas cherché à faire éta-
blir de nouvelles formes de gouvernement. Nous
avons cru que le gouvernement représentatif qui
appelle à délibérer sur toutes les mesures d'uti-
lité générale, les hommes les plus intéressés au
respect des personnes et des propriétés, était le

moyen le plus convenable de pourvoir aux inté-
rêts de la partie la plus saine de la nation, de la
partie qui n'existe que par ses moyens ou par ses
services. Nous avons cru que toutes les autres
institutions sociales, telles que le jugement par
jurés, les administrations locales, les gardes
communales, l'instruction publique et autres de
la même nature, devaient tendre vers le même
but. Enfin, nous avons cru que tout devait être
organisé dans la société, de manière à produire
pour tous les citoyens la plus grande sûreté, avec
le moins de sacrifices possible de leur part.

Lorsque nous avons recommandé le recpect
des personnes et des propriétés, nous n'avons
pas distingué les atteintes qui peuvent y être
portées par des individus isolés, ou par des individus réunis en troupes. Nous avons donc parlé
sans ménagement de l'esprit de conquête, ou, ce
qui est la même chose, de l'esprit de rapine. Nous
avons cherché à le flétrir quand nous avons cru
l'apercevoir chez des Français ; devions-nous le
ménager quand nous l'avons vu exercé contre la
France ! Nous avons mis, à cet égard, dans nos
discussions, l'impartialité que nous croyons
avoir apportée dans toutes nos recherches : nous
avons jugé les choses ; nous avons laissé au public le soin de juger les personnes.

Nous avons fait usage de la liberté de la presse; mais la nature et le caractère de nos écrits laissera à douter si nous avons usé d'un droit, ou si nous avons rempli un devoir ; chacun, à cet égard, peut se former une opinion : la nôtre est déjà fixée par notre conscience. Lorsque des écrits n'ont pour but que de faire connaître au public et au gouvernement les abus qui se commettent, et de leur indiquer les moyens de les faire cesser, ils ne peuvent que soulager l'un et fortifier l'autre ; puisqu'ils obligent l'autorité à réparer les désordres qui pourraient finir par la compromettre ; si, restant ignorés, ils s'accroissaient continuellement. Faire connaître au peuple qu'il peut, d'une manière légale et sans aucune secousse, obtenir la répression des abus qui pèsent sur lui, est même le meilleur moyen de prévenir les révolutions ; car ce n'est qu'ainsi qu'on peut le détourner des partis violens, partis qui le compromettent toujours, parce qu'ils ne sont que le résultat d'une force aveugle. Tels ont été nos principes.

Le tribunal, nous osons l'espérer, sentira combien peu étaient méritées les rigueurs de M. le juge d'instruction ; et, en annullant ses mandats d'arrêt comme illégaux, il daignera ordonner notre mise en liberté pure et simple.

Que, s'il pensait qu'il ne doit pas prononcer

la nullité de ces mandats, ou que cette nullité n'est pas un motif suffisant de nous rendre à la liberté, nous lui demanderions subsidiairement de nous accorder notre liberté provisoire sous caution, en conformité aux art. 114, 117 et suivans du code d'instruction criminelle.

Nous espérons que le tribunal voudra bien nous admettre à être nos propres cautions, puisque l'art. 118 du même code l'y autorise. Si néanmoins il pensait que notre cautionnement n'est point suffisant, nous espérons qu'il ne ferait point difficulté d'admettre le cautionnement de l'une des personnes dont nous allons lui donner les noms, ou même de toutes ces personnes réunies, s'il le juge à propos.

Ces personnes sont

Messieurs

Le duc DE BROGLIE, Pair de France ;

LAFFITTE, gouverneur de la Banque de France, membre de la Chambre des députés ;

TERNAUX l'aîné, négociant, chef de bataillon de la garde nationale ;

Le général DE LAFAYETTE ;

Georges DE LAFAYETTE ;

Le comte DESTUTT DE TRACY, Pair de France ;

CHAPTAL fils, fabricant d'acides minéraux ;

Le baron de STAEL ;

Benjamin de Constant ;

D'Argenson , membre de la chambre des députés ;

J.-B. Say , chevalier de l'ordre de Saint-Volodimir ;

De Montègre , médecin de la faculté de Paris ;

Laromiguière, professeur de la faculté des sciences ;

Basterèche , banquier ;

Swediaur , docteur médecin ;

Le général O'Connor ;

Le lieutenant général Tarayre.

Immédiatement après notre arrestation , ces personnes, qui, pour la plupart , ne nous connaissaient pas personnellement, ont bien voulu nous offrir ou nous faire offrir, par leurs amis, de nous servir de caution , si nous voulions demander notre liberté provisoire. Nous n'avons pas cru devoir profiter alors de cette offre. Notre arrestation avait quelque chose de si étrange , que nous n'avons pas pensé devoir demander notre liberté provisoire avant que d'avoir mis la justice et le public à même d'apprécier les causes pour lesquelles nous avions été arrêtés. Ces causes étant connues , nous n'hésitons plus à en former la demande , et nous nous flattons que le tribunal voudra bien l'accueillir.

A la maison d'arrêt de la Force, le 15 juillet 1817. *Signé*, Comte , Dunoyer.

JUGEMENT.

« Nous, juges composant la sixième chambre du tribunal de première instance du département de la Seine , réunis en la chambre du conseil ;

» Vu les pièces du procès et l'instruction faite contre François-Charles-Louis Comte et Charles-Barthélemy Dunoyer, et la requête par eux présentée le 15 de ce mois , ensemble les conclusions de M. le procureur du Roi, du 18 du même mois , étant au bas de la requête , tendantes au rejet des demandes énoncées en ladite requête.

» En ce qui touche la demande en nullité des mandats d'arrêt décernés contre lesdits Comte et Dunoyer ;

» Vu les articles 112, 407, 408 et 413 du Code d'instruction criminelle ;

» Attendu qu'aucune disposition de ce code ne prononce la nullité des mandats d'arrêt à l'égard desquels les formalités prescrites par les art. 94, 95 et 96 n'ont pas été rigoureusement observées ;

» En ce qui touche la demande desdits Comte et Dunoyer , afin de mise en liberté provisoire sous caution ;

» Attendu que lesdits Comte et Dunoyer sont prévenus de délits prévus par la loi du 9 novembre 1815, et qu'aux termes de l'art. 11 de cette loi, les dispositions de l'art. 114 du Code d'instruction criminelle ne peuvent leur être appliqués ;

» Le tribunal déclare lesdits Comte et Dunoyer non-recevables dans leurs demandes.

» Fait et jugé, le 19 juillet 1817, en la chambre du conseil de la sixième chambre du tribunal de première instance de la Seine, par M. Maugis, président, et MM. le baron de Charnacé et Briere de Valigni, juges, qui ont signé.

» Signé, le baron *de Charnacé*, *Briere de Valigni*, *Maugis.* »

Nota. L'appel de ce jugement a été formé le 25 juillet 1817.

De l'Imprimerie de RENAUDIÈRE, rue des Prouvaires n°. 16.

www.ingramcontent.com/pod-product-compliance
Lightning Source LLC
Chambersburg PA
CBHW071424200326
41520CB00014B/3565